RÉPUBLIQUE FRANÇAISE

ACADÉMIE DE NANCY

Certificat d'Études Primaires

AUX ENFANTS D'ALSACE

à St-Amarin (Territoire de Thann)

1er Juillet 1918

NANCY
IMPRIMERIE J. COUBÉ, 25, RUE DE LA PÉPINIÈRE
—
1918

Certificat d'Études Primaires

AUX ENFANTS D'ALSACE

à St.-Amarin (Territoire de Thann)

1er Juillet 1918

EXAMEN DU CERTIFICAT D'ÉTUDES PRIMAIRES
à SAINT-AMARIN
(TERRITOIRE DE THANN)
1er Juillet 1918

Le troisième examen du Certificat d'études primaires pour les jeunes Alsaciens du Territoire de Thann a eu lieu le 1er Juillet 1918, à Saint-Amarin.

Cette belle localité alsacienne, qui ne le cède en rien aux plus jolies bourgades vosgiennes, avait spontanément revêtu pour la circonstance sa toilette des grands jours de fête, toilette sobre, élégante et du meilleur goût français : les rues étaient d'une méticuleuse propreté ; de nombreux drapeaux tricolores flottaient à toutes les fenêtres ; la devanture de quelques magasins était ornée de feuillage ; la plupart des habitants, qui avaient interrompu leurs travaux, étaient en habits de dimanche, et plusieurs portaient à la boutonnière l'insigne des combattants de 1870.

*
* *

M. ADAM, Recteur de l'Académie de Nancy, qui a toujours témoigné un intérêt si passionné aux choses d'Alsace, et qui tout récemment encore a mis si délicatement à la disposition des familles alsaciennes réfugiées dans le département des Vosges de nombreux ouvrages littéraires judicieusement choisis, pour raccourcir les longues soirées d'hiver, dissiper les sombres pensées et faire connaître la France ; M. le Général RENOUARD ; M. le Commandant POULET, qui s'intéresse tout particulièrement et avec raison à l'instruction de ses jeunes administrés ; M. MEYER, Inspecteur d'Académie des Vosges, qui était heureux de se retrouver au milieu de ses compatriotes, avaient tenu à honorer de leur présence l'examen du Certificat d'études des jeunes Alsaciens et la petite fête scolaire qui l'illustre chaque année.

La Commission était présidée par M. le sous-lieutenant FRAYSSE, Inspecteur des Écoles du Territoire.

Elle comprenait 83 membres, dont 9 du département des Vosges. C'étaient :

1º Pour l'Alsace :

Institutrices.

Mmes HARTMANN, JAECKLÉ, SEEGER ;

Sœurs MARIE-CLARANCE, FIDÉLIA, OLGA, RICHARDINA, ÉLECTA, DÉLIA, MARIE-GERMAINE, EDMONDE, BASILE, ÉLIA, ANTONINA, ARCHANGÈLE, FERDINANDA, LAURENTIANA.

Instituteurs civils.

MM. HARTMANN, HORNY, SCHUFFENECKER, STERN ;
M. Robert KAMMERER, peintre alsacien.

Instituteurs militaires.

COMMARMOND, MAUPOUMÉ, GAUMONT, JOLIBOIS, *adjudants;*
FOUROT, TARNIER, BOYÉ, LEHMANN, GRUNINGER, ROUBIÈS, SALMON, MARTHE, *sergents-majors;*
BERTRUC, DELPECH, BOULANGER, JASSEREU, CABRET, VAUDOIS, MARTIN, BRESSON, PUECHBERTY, PEYROT, BOULANGER L., TOURDOT, NICOLET, COURTAT, COULON, CIVIER, BLOCHMAY, BRETIN, BROSSARD, BOUILLET,

Langeron, Sarrauste, *sergents;*

Bachollet, Christ, Morel, Vuillemin, Ramier, Lemaître, Lombard, Poilecot, Barbier de la Serre, *caporaux;*

Boegner, Sacquépée, Salomon, Borne, Aymar, Mondon, Pecqueret, Dubreuil, Campagnac, *soldats.*

2° Pour les Vosges :

M. Delépée, inspecteur primaire à Épinal, président;

M. Petit, inspecteur primaire à Neufchâteau ;

M. Iwan Imbert, délégué cantonal à Ramonchamp ;

MM. Colin, Mathieu, Malicet; Mmes Apparu, Duguenot, Gahon, Walter, directeurs et directrices d'école dans le département.

* *

Les candidats, qui appartenaient à 15 communes différentes, étaient au nombre de 391 : 212 garçons, 179 filles, dont 30 adultes (la plus âgée avait 29 ans).

Tous semblaient jouir d'une excellente santé, sur laquelle n'avaient aucune prise les restrictions ; tous portaient en bandouillère le masque contre les gaz asphyxiants, précaution utile à une si faible distance du front ; quelques jeunes filles avaient revêtu le costume alsacien.

Ces candidats se distinguaient un peu de ceux des années précédentes : aussi corrects dans leur tenue, aussi polis dans leurs manières, ils étaient moins timides, moins réservés, plus loquaces, plus gais ; bref, leur extérieur était français comme leur cœur.

Ils n'ont pas connu, ou plutôt ils ont complètement oublié le grave et soupçonneux magister allemand, au parler rude, à la main prompte ; et leurs maîtres actuels sont pour eux des amis sûrs, auxquels ils viennent spontanément communiquer leurs impressions, raconter un incident, demander un conseil.

Ils saluent les examinateurs vosgiens, non plus d'un air craintif, mais avec un sourire confiant.

Ils se servent de la langue française entre eux, quelquefois, pendant les récréations ou hors de l'école. Le jour de l'examen, plusieurs échangeaient en français, à l'ombre des arbres de la place publique, leurs impressions sur les épreuves. Le lendemain matin, dans la rue, deux exprimaient en français leur grande joie à la vue d'un avion allemand qui, atteint par nos obus, descendait non loin du bourg avec une vertigineuse rapidité : la langue française leur est familière, puisqu'ils l'emploient instinctivement pour exprimer une vive et subite émotion.

*
* *

Le décret du 19 juillet 1917 sur la réforme de l'examen du Certificat d'études primaires a été appliqué, cette année, à Saint-Amarin comme dans toute la France.

Dictées. — Les dictées étaient assez longues. Elles ne présentaient aucune difficulté insurmontable pour des enfants de 12 ans; mais elles exigeaient des candidats, du commencement à la fin, une attention soutenue.

Plusieurs copies étaient irréprochables; beaucoup méritaient la note moyenne, un certain nombre renfermaient assez de fautes de substitution de lettres ou d'orthographe d'usage.

Pour éviter les substitutions de lettres : *d* pour *t*, *b* pour *p*, il est deux remèdes souverains : la conversation et les exercices de vocabulaire.

D'une part, il faut obliger les enfants à toujours parler français en récréation ou en promenade, surveiller constamment leur prononciation et corriger séance tenante toutes leurs fautes. Quand ils prononcent bien, ils emploieront, en écrivant, les lettres qui conviennent. C'est une erreur de croire que les Alsaciens ne peuvent se débarrasser de l'accent local. Il y a deux ans est arrivé à l'École de garçons de la rue Lormont, à Epinal, un petit Alsacien de 10 ans qui avait fait un séjour de 18 mois dans le midi de la France. Il parlait le français avec un pur accent méridional : on aurait juré qu'il était de Toulouse.

D'autre part, les leçons de vocabulaire, dans lesquelles les mots sont groupés par familles ou d'après leur composition, sont très utiles. Ainsi, par exemple, les candidats qui ont écrit : *le drapeau dricolore*, auraient probablement évité cette faute, si dans une leçon de vocabulaire ils avaient appris et surtout retenu la composition, le sens et la parenté des termes : *trois, triangle, trimestre, trident, tricolore*, etc., parce qu'il leur aurait suffi de songer à l'orthographe du mot usuel *trois* pour bien écrire tous ces autres mots.

Les exercices de copie sont d'une grande utilité pour l'enseignement de l'orthographe d'usage ; mais, pour être utiles, ils doivent être peu nombreux, courts, bien choisis, préalablement expliqués, faits avec attention et suivis de quelques questions orales pour s'assurer que les élèves ont bien observé et retenu l'orthographe des mots copiés.

Enfin, en Alsace comme en Lorraine, comme partout, sans doute, certaines fautes peuvent provenir, moins de l'ignorance des enfants, que des conditions défavorables dans lesquelles ces enfants sont placés.

La dictée d'examen exige des candidats un effort considérable, dont certains examinateurs ne se rendent pas compte. Et cet effort devient très difficile, sinon impossible, si ces candidats sont des enfants de 12 ans, s'ils sont Alsaciens, s'ils viennent de faire un voyage assez long, s'ils se trouvent encore sous le coup de l'émotion que provoque toujours, au moins à la première heure, un premier examen, et surtout si celui qui dicte se promène dans la salle au lieu de rester immobile devant eux, ne règle pas son débit sur la marche de ceux qui écrivent le plus lentement, groupe mal les mots dictés ensemble, se répète inutilement, n'a pas une prononciation et une articulation irréprochables.

D'où la nécessité de ne point commencer l'examen par l'épreuve d'orthographe et de donner des instructions précises à ceux qui dictent, surtout en Alsace, où exercent actuellement des maîtres d'origine diverse et appartenant à toutes les régions de la France.

Questions de français. — Dans les trois questions de français qui suivaient chaque dictée, on demandait aux candidats l'explication d'une phrase, la signification de deux ou trois expressions, l'analyse grammaticale de deux ou trois mots.

Les réponses étaient assez bonnes ; celles d'analyse et de vocabulaire étaient satisfaisantes. Si ces jeunes Alsaciens ont un vocabulaire peu étendu, ils connaissent bien les mots dont ils se servent. La réponse suivante, rencontrée dans une copie, est à signaler : « Une « figure ridée est celle qui a des plis comme une pomme qu'on a fait « desséchér. » Si la forme n'est pas irréprochable, le fond en est suffisant : tel a été d'u moins l'avis de la commission qui l'a appréciée.

Composition française. — Les deux sujets de composition française étaient les suivants :

Garçons : Décrivez une troupe qui monte aux tranchées et une troupe qui descend des tranchées et vient au repos dans votre village. Montrez les différences qu'elles présentent.

Filles : Écrivez à une jeune Parisienne de votre âge pour lui dire comment les soldats français sont entrés chez vous en 1914, et lui faire connaître les sentiments que vous avez éprouvés à ce moment.

Les garçons ont prouvé qu'ils savent observer, qu'ils savent rendre compte de leurs observations et qu'ils ont de la probité littéraire. En effet, ils ont rapporté fidèlement ce qu'ils ont vu, même ce qui leur avait déplu ou ce qui aurait pu déplaire à leurs examinateurs.

Les jeunes filles ont su se placer dans les conditions exigées par le sujet et prendre le ton simple et naturel qui convient à la lettre ; aussi beaucoup de copies, mises sous enveloppe à l'adresse d'une jeune Parisienne et confiées à la poste, auraient paru à leurs destinataires des lettres toutes naturelles.

Plusieurs aspirantes ont fait preuve de délicatesse, en exprimant à leur correspondante, sans y être invitées et dans un court paragraphe de début, la peine que leur causent le bombardement de Paris et le danger auquel sont exposées les petites Parisiennes de leur âge.

Beaucoup racontent des scènes de famille touchantes et surtout réelles.

Toutes regrettent de n'avoir pu parler notre langue en 1914. Toutes expriment des sentiments nettement français.

Trois faits ont particulièrement frappé les membres de la Commission vosgienne :

1º Les fautes d'orthographe étaient moins nombreuses dans les compositions françaises que dans les dictées : c'est généralement le contraire qui se présente en deçà des Vosges.

2º Les garçons connaissent et emploient des mots du jargon militaire. C'était inévitable ; c'est un inconvénient de leurs fréquentes relations avec les soldats cantonnés chez eux ; mais c'est un inconvénient qui doit être largement compensé par des avantages, car au dire de tous, civils et militaires, actuellement les soldats français se plaisent beaucoup et sont très aimés en Alsace.

3º Les germanismes étaient plus rares que les années précédentes ; les phrases étaient mieux construites ; le style était plus français.

Arithmétique. — D'une difficulté moyenne, les problèmes ont été résolus par la plupart des candidats. Des progrès ont été réalisés en arithmétique depuis l'examen de 1916.

Écriture. — Comme les années précédentes, l'écriture était, à quelques exceptions près, un peu lourde, assez régulière et lisible. Dans l'appréciation, on a tenu compte de la forme arrondie ou pointue des lettres ; on a eu raison. Mais il ne faut rien exagérer, sinon l'accessoire deviendrait le principal, et réciproquement. L'écriture courante — car il s'agit ici d'écriture courante — aura toujours pour qualité principale, la *lisibilité*.

Couture. — L'épreuve de couture aurait pu être meilleure pour quelques jeunes filles.

Examen oral. — M. le Recteur de Nancy, M. le Général RENOUARD, M. l'Inspecteur d'Académie des Vosges ont bien voulu prendre part aux travaux de la Commission pour l'examen oral ; ils ont interrogé les candidats avec l'habileté des meilleurs praticiens.

En général, les candidats ont bien répondu en lecture, en récitation et en calcul mental. Plusieurs se sont distingués pour le chant. Si quelques-uns étaient faibles en gymnastique, d'autres, comme par exemple ceux de Saint-Amarin, ont manœuvré d'une façon irréprochable.

En sciences, les réponses ont été passables. Étant donné l'étendue du programme de sciences, des enfants de 12 ans, qu'ils soient au-delà ou en deçà des Vosges, ne peuvent posséder que des « clartés de tout ». Il serait utile de restreindre ce programme et de mieux l'adapter au milieu ; les élèves pourraient alors acquérir des connaissances plus solides et plus pratiques.

*
* *

Sur 411 candidats inscrits, 391 se sont présentés : 212 garçons et 179 filles. 372 ont été reçus : 198 garçons et 174 filles.

18 ont obtenu la mention *très bien*.
120   »   »   *bien*.
177   »   »   *assez bien*.

C'est un beau succès, dont peut être fier le personnel enseignant du Territoire de Thann.

*
* *

L'examen écrit, commencé à 6 h. 1/4, s'est terminé à 12 h. 1/2. L'examen oral a duré de 14 h. à 16 h. 1/4.

A 16 h. 1/2, a eu lieu la proclamation des résultats dans la grande salle du Breuil, pourvue d'une scène magnifiquement décorée aux couleurs de l'Entente, remplie par une nombreuse assistance composée des autorités militaires du Territoire, des notables de la ville — vénérables vieillards au visage grave et femmes en toilette d'une sobre élégance, — des membres de la Commission, des instituteurs et des institutrices du Territoire, des candidats.

La cérémonie commence avec le chant de la *Marseillaise*, bien exécuté par un groupe d'élèves et respectueusement écouté par l'assistance debout. M. le Recteur de l'Académie de Nancy prononce d'une voix émue un admirable discours qui produit une vive impression sur l'assemblée, particulièrement sur les habitants de Saint-Amarin dont les yeux se voilent plus d'une fois de larmes, et qui est vigoureusement applaudi.

Des élèves chantent un chœur de M. BOUCHOR : *La Maison du Travailleur*. Une vingtaine de jeunes filles exécutent sur la scène deux rondes chantées de DALCROZE : leur maintien naturel, leur mine intelligente, leur toilette de bon goût, leur voix claire et sonore, leur pur accent français et surtout leurs gestes gracieux, leur valent les chaleureux applaudissements de l'assemblée.

Tous ces chants sont accompagnés par une pianiste de talent, Mlle ROBICHON, élève de l'École normale d'institutrices de Saint-Amarin.

M. FRAYSSE proclame les résultats de l'examen.

Enfin, des médailles d'argent et de bronze représentant Verdun, avec la fière devise *On ne passe pas*, et quelques broches (cigogne d'Alsace aux ailes déployées, portant au bec la croix lorraine), les unes et les autres apportées par M. le Recteur de Nancy, sont distribuées aux lauréats et aux membres de la Commission.

A la sortie, la satisfaction est peinte sur tous les visages.

Cette année, plus encore que l'an dernier, les membres de la Commission vosgienne ont été vivement touchés du sympathique accueil qui leur a été fait par la Mission militaire administrative, le personnel alsacien et la population civile de Saint-Amarin.

La population semble avoir déjà oublié, comme un mauvais rêve, la pénible traversée de 1871 à 1914 ; elle était moins réservée, plus confiante que l'année précédente : elle a bien montré son âme alsacienne et française, elle s'est intéressée à la fête scolaire ; elle y a pris une part active , elle a considéré les hôtes de l'autorité militaire comme les siens, elle a fait tout ce qui dépendait d'elle pour leur être agréable.

A midi, tous les membres de la Commission : Vosgiens et Alsaciens, civils et militaires, ont déjeuné ensemble à l'hôtel Schuller.

Pendant le repas, copieux et très bien servi par deux jeunes filles habillées l'une en Lorraine l'autre en Alsacienne, ont régné une parfaite cordialité et une sobre gaieté, compatible avec les graves circonstances de l'heure présente.

Au dessert, le président de la Commission vosgienne s'est exprimé en ces termes :

« Mesdames, Messieurs,

M. Fraysse me donne la parole. Je ne l'ai pas sollicitée, mais je l'accepte très volontiers et, franchement, je n'en suis point du tout embarrassé : je vais vous dire tout haut ce que je pensais tout bas.

Aujourd'hui, pour la troisième fois, nous faisons subir ensemble aux jeunes Français du Territoire de Thann l'examen du Certificat d'études primaires.

Pour la troisième fois, mes collègues vosgiens et moi, nous éprouvons une vive émotion. 22 *juillet* 1916 — 30 *juillet* 1917 — 1er *juillet* 1918 : voilà trois dates qui seront soulignées à l'encre rouge dans notre carnet de route universitaire ; et la présente réunion, comme les deux précédentes, laissera un impérissable souvenir dans nos cœurs d'hommes, d'instituteurs et de citoyens.

Pourrait-il en être autrement ?

D'abord, nous avons été reçus ici avec la plus grande affabilité ; nous n'avons vu autour de nous que des visages souriants et sympathiques ; nous n'avons rencontré que des gens empressés ; nous avons reçu des marques d'estime qui s'adressaient surtout aux Vosgiens

que nous sommes et aux membres de l'enseignement primaire
français que nous avons l'honneur d'être.

Ah! Mesdames et Messieurs, vous savez pratiquer l'hospitalité
et vous avez su réveiller dans ce coin de terre alsacienne l'amour
pour la France si longtemps absente de vos foyers et l'affection pour
des compatriotes si longtemps tenus à distance par une artificielle
et provisoire frontière.

Nous vous en remercions très sincèrement; je vous en remercie
tout particulièrement, moi, qui ai pour les Alsaciens une sympathie
aussi profonde qu'ancienne.

Il y a 32 ans, j'exerçais dans une institution commerciale d'Allemagne dont les élèves étaient pour un tiers des Alsaciens. Je vois encore
leurs physionomies sérieuses — ils étaient nés un peu avant, pendant
ou immédiatement après la guerre de 1870. — Leurs voix résonnent
encore à mes oreilles. Leurs noms sont encore gravés dans ma mémoire : Bader, Rock, Vogelweid, etc., en tout une quarantaine.
Parce que j'étais Français et Lorrain, ces braves garçons me consi-
déraient comme leur défenseur naturel dans leurs inévitables et
nombreux différends avec des condisciples et des maîtres allemands.
Je remplissais ce rôle avec dévouement, car j'avais conscience
d'acquitter ma part d'une dette nationale: j'entendais leurs plaintes;
je recevais leurs confidences; j'étais en relations avec leurs familles.
C'est ainsi que j'ai appris à bien connaître quelques Alsaciens.

Et depuis ce jour-là, je les ai tous aimés.

Ensuite, nous avons pu, en corrigeant les compositions de vos
élèves, apprécier, au moins dans une certaine mesure, votre œuvre
pédagogique. Nous vous félicitons sincèrement des résultats que
vous avez obtenus.

Certes, vous vous trouvez dans des conditions toutes spéciales.

D'une part, vous n'êtes point gênés comme nous par les fils de fer
barbelés des règlements, de la coutume ou de la tradition, et votre
initiative reste entière.

D'autre part, vous avez eu devant vous, jusqu'ici, des élèves de langue étrangère, qui avaient déjà goûté à l'enseignement germanique, qui étaient habitués à un système d'éducation très différent du nôtre.

Eh bien, vous avez su vaincre les difficultés et tirer parti des avantages de la situation. Vous avez bien accompli votre tâche ; vous avez fait plus : vous avez donné à l'enseignement primaire, comme me l'écrivait il y a quelques jours votre inspecteur, une orientation *locale, pratique, actuelle;* vous avez des écoles primaires supérieures, des cours d'adolescents, une école normale d'institutrices.

Vous pouvez être fiers de votre œuvre. Le mérite en revient d'abord à votre jeune et sympathique inspecteur, dont l'activité et l'initiative sont dignes d'éloges, mais aussi à vous, Mesdames et Messieurs, qui par votre zèle et votre dévouement, avez réalisé ce qu'il avait conçu.

Comme lui, agréez nos chaleureuses félicitations.

Enfin, nous foulons de nouveau le sol de cette vieille Alsace qui est essentiellement française d'origine, de génie et de cœur, quoi qu'en disent nos ennemis.

Les premières populations qui se sont fixées en Alsace et ont mis en valeur le sol alsacien, étaient des tribus gauloises ; nous en avons comme preuves : le témoignage de J. César, aussi sagace historien qu'habile général; les monuments druidiques épars dans toute la province ; les multiples objets trouvés sous les nombreux *tumuli* de la plaine ; certaines dénominations de lieux, et la langue parlée dans le pays au moyen-âge.

Après les Gaulois et jusqu'au xe siècle, l'Alsace a suivi les destinées de la France ou de la Lorraine.

Sans doute, elle a été ensuite annexée, pendant sept siècles, au Saint-Empire romain germanique; mais c'était bien malgré elle, et cet Empire ne ressemblait en rien aux États modernes. Ses limites n'étaient point celles de l'Allemagne actuelle; il était composé d'Etats indépendants qui avaient leur vie propre, leurs lois spéciales, leurs intérêts particuliers, souvent opposés. Ce n'était ni une nation ni un territoire; c'était un simple titre, non héréditaire, mais électif. Aussi, en 1648, l'Alsace n'est pas plus allemande qu'au xe siècle, et le traité qui la retire de l'Allemagne ne provoque aucune déchirure morale, parce qu'il n'y avait pas d'union morale.

De 1648 à 1871, cette province dont les rois de France respectent les mœurs, les coutumes, la religion et la langue, qui jouit d'une tranquillité jusque là inconnue, à qui la Révolution fournit l'occasion de combattre avec ses sœurs pour la Liberté, qui contribue si puissamment à l'établissement d'un gouvernement libéral, devient la plus française de toutes les provinces de France.

D'ailleurs, annexée à l'Allemagne, elle a toujours ressemblé à une étrangère qui souffre de n'être point chez elle, qu'on exploite, dont on se défie. Réunie à la France, elle a toujours joué un rôle important dans la direction des affaires publiques, grâce à ses hommes d'Etat et à ses généraux.

Mais à quoi bon fouiller son histoire ? Les Alsaciens veulent rester Français : ils l'ont dit, ils l'ont répété, ils l'ont prouvé par des actes, souvent aux dépens de leur tranquillité, parfois aux dépens de leur vie. Cela doit nous suffire, et cela nous suffit. Bientôt, leur beau pays refera partie intégrante de la France, et ils l'auront bien mérité.

En effet, nous avons actuellement sous les yeux un spectacle grandiose, imposant, inoubliable. S'il ne nous émeut pas comme il le devrait, c'est sans doute à cause de nos graves préoccupations et de nos terribles angoisses de l'heure présente ; mais il est tel que nous n'aurions osé l'imaginer il y a cinq années seulement, et nos descendants le considéreront, soyez en sûrs, comme le plus grand événement historique de tous les temps.

Le monde est partagé en deux camps : les nations de proie et les nations de paix. Celles-là, possédées de l'esprit de conquête, combattent, sans scrupules sur l'emploi des moyens, pour l'amélioration de leur bien-être matériel ; celles-ci, animées de l'esprit de justice, luttent pour le triomphe du droit.

Nous voyons des soldats de tous pays et de toutes couleurs qui sont acccourus au secours de la civilisation en danger. Nous voyons un peuple, le plus grand, le plus puissant, le plus pacifique, s'engager dans une guerre dont il connaît les atrocités, dépenser des sommes énormes, faire des efforts inouïs, s'exposer à mille dangers, sacrifier des milliers et des milliers de ses enfants, sans ambition territoriale, sans intérêt matériel, pour payer une dette de reconnaissance vieille de plus d'un siècle, et surtout pour faire triompher la Justice, le Droit et la Liberté.

Ah ! c'est un spectacle réconfortant que celui de ces soldats américains, vigoureux, robustes, bien équipés, animés d'un moral excellent, qui viennent, comme ils le disent, au secours de la France et de la Civilisation.

Avec eux et grâce à eux, la victoire est certaine et prochaine. Alors d'affreuses injustices seront réparées dans la mesure où elles sont réparables ; les populations pourront disposer d'elles-mêmes ; l'humanité aura fait un grand pas dans la voie du progrès. Et l'Alsace y aura contribué : c'est sa tenace fidélité à la Patrie, c'est son héroïque résistance à l'oppression, qui, en s'imposant à l'admiration des peuples civilisés et des gouvernements démocratiques, ont décidé ceux-ci à se débarrasser, une fois pour toutes, du militarisme prussien qui entravait leur marche vers un idéal de Justice et de Liberté.

En attendant ce beau jour, je lève mon verre à votre santé à tous, à la santé de tous les Alsaciens, dont nous avons ici de si dignes représentants, et en l'honneur de nos braves soldats et de leurs vaillants alliés, en l'honneur du grand homme d'Etat qui incarne aujourd'hui la Justice, et dont le nom, dans trois jours, décorera l'une des principales avenues de notre belle capitale. »

M. le Président du jury d'examen improvise une belle et spirituelle réponse que nous lui avons demandée pour la reproduire, mais vainement, comme le prouve la lettre ci-dessous :

« Vous m'embarrassez beaucoup, mon cher Monsieur Delépée,

« quand vous me demandez le texte de ma réponse, que je n'avais ni
« préparée, ni écrite, et que je n'ai pas retenue.

« J'ai seulement voulu remercier la Commission du département
« des Vosges, et vous tout le premier, de l'intérêt que vous portez à
« nos élèves, de la bonne volonté avec laquelle vous récompensez
« leurs modestes efforts et de la sympathie que vous n'avez cessé
« de marquer pour notre œuvre.

« Vous êtes notre doyen, et je vous connais personnellement
« depuis trop longtemps pour ne pas me réjouir de toutes les occa-
« sions que j'ai de confronter ma jeunesse avec votre expérience et
« de profiter de votre sagesse. Vos écoles sont comme les grandes
« sœurs des nôtres, qui ne sont encore que de toutes petites filles, et
« plus tard, quand la paix sera signée, et qu'on pourra dire qu'il
« n'y a plus de Vosges, nous réunirons nos élèves quelque part, au
« Ballon d'Alsace ou au Honeck, et nous danserons des rondes pour
« fêter notre retour. Est-ce que vous ne danserez pas aussi ?

« J'ai tenu aussi à dire devant vous, au personnel d'Alsace, toute
« mon estime et ma sympathie. Vous avez pu constater, par l'exa-
« men, quelle œuvre considérable les instituteurs et institutrices ont
« accomplie pendant l'année scolaire qui prend fin. Autant que de
« leur zèle je leur suis reconnaissant de la sympathie qu'ils m'ont
« toujours témoignée et que je leur rends. Nous sommes, instituteurs
« et institutrices d'Alsace, originaires de presque tous les coins de
« la France. Ne dirait-on pas que le hasard, qui fait si bien les
« choses quand on le sollicite, a voulu faire collaborer toutes nos
« vieilles provinces à la résurrection française de l'Alsace ? Bretagne,
« Provence, Gascogne, elles sont toutes représentées :

« *J'en vois qui sont du Nord et qui sont du Midi,*

« de sorte que, lorsque l'Alsace viendra reprendre sa place dans la
« famille française, chacune de ses enfants sera comme la filleule
« de nos vieilles provinces.

« Voilà, mon cher Monsieur Delépée, ce que je pense et ce que

« j'aurais voulu dire. Aussi bien, vous aviez déjà dit ce qu'il fallait
« et je n'avais rien à ajouter. Vous savez que nous sortons l'un et
« l'autre d'une école où la tradition est que, lorsque les anciens ont
« parlé, les jeunes n'ont qu'à se taire…

    « Bien cordialement à vous. A. FRAYSSE. »

A la fin du repas, un artiste alsacien de talent et d'avenir, M. Robert
KAMMERER, remet, avec sa bonne grâce accoutumée, à chacun des
convives très agréablement surpris, une jolie lithographie de sa
composition, sur laquelle il a bien voulu apposer sa signature : la
Petite Alsacienne, pour faire pendant au *Petit Alsacien* de l'an
dernier.

Le soir, quelques membres de la Commission sont reconduits
jusqu'à Remiremont en automobile, par un temps magnifique, à
travers de délicieux paysages. Ceux qui restent à Saint-Amarin
visitent, le lendemain, Thann et les environs, dirigés par deux instituteurs militaires, sergent-major ROUBIÈS et sergent TOURDOT, deux
excellents garçons en compagnie desquels les heures s'écoulent trop
rapidement : ils s'acquittent parfaitement de leur mission de guide et
nous sommes heureux de leur adresser ici nos sincères remerciments.

* *
*

La magnifique journée du 1er juillet 1918 laissera un ineffaçable
souvenir dans l'esprit des examinateurs, des jeunes candidats, des
habitants de Saint-Amarin et des villages voisins. Elle fera mieux
connaître et mieux aimer la Mère-Patrie dans le Territoire de Thann.
Elle contribuera à renouer les liens qui, avant 1870, unissaient si
étroitement l'Alsace à la France.

Le Président de la Commission vosgienne,
V. DELÉPÉE,
Inspecteur primaire à Epinal,
Chevalier de la Légion d'honneur.

SUJETS D'ÉPREUVES

I

Orthographe

1 (Garçons).   **Le vieux drapeau.**

Il était une fois un drapeau tricolore qui avait été caché pendant de longues années au fond d'une armoire d'Alsace. Il s'ennuyait de ne plus flotter à la fenêtre, comme autrefois, et il vieillissait tristement, car il craignait de ne plus revoir la lumière du jour.

Pourtant, un beau matin, il est sorti de sa **cachette**, et on l'a déplié. Alors il a vu des soldats, rouges et bleus comme lui, passer dans la rue en chantant, et d'autres drapeaux pareils à lui flotter à toutes les fenêtres ; et avec ses plis usés, ses **couleurs fanées**, il ressemblait à un grand-père, *qui sourit* dans ses **rides** au milieu de tous ses petits-enfants.

Questions

1º Expliquez les mots ou expressions :
     cachette, couleurs fanées, rides.

2º Analysez grammaticalement :
     qui sourit.

3º De quel drapeau est-il question ?

Pourquoi était-il caché ? Quand est-il sorti de sa cachette ?

2 (Filles).   Un cimetière militaire.

Il est situé à l'écart du village et de la route, sur un versant de la montagne, à l'ombre d'un drapeau tricolore. De simples croix de **bois blanc**. Nul monument. Des mains pieuses viennent seulement orner les tombes de fleurs passagères. C'est là que dorment, dans la terre d'Alsace, *ceux* qui sont tombés pour la reprendre ou la défendre. Les petites croix, avec leurs **cocardes**, s'alignent comme des compagnies pour une revue. Au milieu d'elles, la tombe du général ; et tous ces morts, chasseurs, fantassins, artilleurs, soldats de France, semblent encore former, autour de *leur* chef, comme une **garde d'honneur.**

Questions

1º Expliquez les mots ou expressions :
   cocardes, bois blanc, garde d'honneur, cimetière.

2º Analysez : *ceux* (qui sont tombés).
   leur (leur chef).

3º Pourquoi doit-on fleurir les tombes de nos soldats ?

II

Composition française

1 (Garçons). — Une troupe quitte votre village pour monter aux tranchées ; une autre troupe descend des tranchées pour venir cantonner dans le village. Racontez le départ de l'une et l'arrivée de l'autre, et dites quelles différences vous avez pu remarquer entre ces deux troupes.

2 (Filles). — Vous écrivez à une petite Parisienne de votre âge, pour lui raconter comment les soldats français sont arrivés dans votre village au mois d'août 1914, et les sentiments que vous avez éprouvés.

3 (Adultes). — Un soldat, qui a logé chez vous et qui est maintenant dans les tranchées du Hartmann, vous a écrit : il s'ennuie, il trouve que la guerre dure trop long-temps.

— Répondez-lui.....

III

Histoire

1 (Garçons). — Racontez comment, par qui et à quelle date l'Alsace a été réunie à la France, — à la suite de quels événements elle en a été séparée, et ce qu'ont fait les Alsaciens quand votre pays a été pris par les Allemands.

2 (Filles). — Racontez ce que vous savez de Jeanne d'Arc, et dites pourquoi vous l'aimez.

IV

Problèmes

(Garçons)

1° Un négociant d'Urbès a 3.000 kilos de marchandises à Bussang. Il peut les faire transporter par le câble, qui prend 2 fr. 20 par 100 kilos, ou par un camionneur, qui prend 25 francs par tonne (1.000 kilos). A qui doit-il s'adresser pour le transport, et quel sera son bénéfice ?

2° Une compagnie de 120 hommes monte aux tranchées. Au cours d'un combat, elle perd 1/5 de son effectif, mais elle reçoit du dépôt divisionnaire 20 hommes en renfort. Avant d'être relevée, elle fait encore un coup de main et elle perd 1/4 de ses hommes. Combien d'hommes descendront au repos ? et combien manqueront ?

(Filles)

1° Une mère de famille veut faire une robe pour une de ses filles. Elle va à l'usine de Wesserling et a le choix entre l'étoffe vendue au mètre au prix de 5 fr. 75, ou un coupon qui est suffisant pour faire la robe et qui est vendu au poids à raison de 2 fr. 40 les 100 grammes. Il lui faut 3^{m}80 d'étoffe. Le coupon pèse 0 kilo 650. Que doit-elle choisir, et quelle sera son économie ?

2° Un homme a droit à 450 grammes de pain, une femme à 250 grammes et chaque enfant au-dessous de 13 ans à 200 grammes. Quelle sera la dépense en pain, pour une semaine, dans une famille qui se compose du père, de la mère et de 3 enfants au-dessous de 13 ans, si le pain coûte 0 fr. 75 le kilo ?

V

Sciences

(Adultes)

Quel est votre métier? Si vous êtes employé à l'usine, dites en quoi consistent vos occupations jonrnalières, décrivez les machines que vous employez et indiquez leur utilité. Si vous travaillez aux champs, dites quelles sont vos occupations à ce moment de l'année.

VI

Enseignement ménager

(Adultes. Filles)

En ces temps de vie chère, que recommandez-vous pour faire une cuisine économique. (Choix des aliments, moyen de les préparer, cuisson)..

VII

Dessin

(Garçons)

Exercice décoratif. — Un losange à décorer. — Éléments à employer : des cerises avec feuilles.

(Filles)

Exercice décoratif. — Un carreau en faïence à décorer pour un dessous de plat. — Éléments à employer au choix des élèves : les myosotis ou les marguerites, en trois tons.

VIII

Couture

Un ourlet et une boutonnière.

SPÉCIMENS DE COPIES D'ÉLÈVES

Composition française.

Premier Sujet *(Voir page 20)*

I

C'est le matin vers six heures. J'entendis dans notre cour un remuement plus qu'à l'ordinaire, les soldats nettoyaient leurs fusils, remplissaient leurs cartouchières et se mirent en rang. Ils avaient leur sac au dos, le masque et la musette balottaient à leur côté, ils avaient un casque sur la tête. L'officier vint leur dire qu'il fallait monter aux tranchées. Sur toutes les figures on voyait une vive inquiétude. La troupe s'ébranla, suivi d'un cliquement d'armes, puis montèrent silencieusement la colline ombragée.

Une heure après, une autre troupe redescendit la colline; mais ils furent plus joyeux que les autres, ils chantaient, ils criaient. Mais lorsqu'ils arrivèrent sur la grande route, ils se mirent par quatre, les clairons, les tambours en tête, ils firent leur entrée dans le village.

L'officier était derrière le drapeau, gardant l'emblème sacré qui mène à la victoire. Derrière le groupe marchaient avec peine des blessés soutenus par des brancardiers.

Lorsqu'ils furent devant les cantonnements, ils rompirent les rangs, déposèrent les armes et les bagages et mangèrent la soupe. Vers sept heures, la cour retomba en silence; rien que le poste se tenait immobile à l'entrée.

Combien de soldats ne reviennent plus, laissant leur famille toute seule à la maison, et pour mourir là dans les tranchées !

Les veuves se consolent en disant : « C'est pour la Patrie qu'il est mort ! »

Vive la France!

Georges BREITSCHMITT,
École de Fellering.

II

Depuis l'entrée des troupes françaises en Alsace, nous avons continuellement des soldats dans notre village. Ils viennent des tranchées et ils y remontent.

Ceux qui viennent au repos, sont beaucoup plus contents que ceux qui remontent dans les tranchées. Ah ! c'est pourtant bien facile à comprendre : quand ces pauvres soldats montent dans les tranchées, ils ne savent pas s'ils reviendront. Ils marchent, silencieux, tranquilles, c'est rare quand ils chantent en montant à la frontière.

Ils pensent à leurs familles; leurs femmes, leurs chers enfants, qu'est-ce qu'ils allaient devenir sans lui ?

Chacun se demande : est-ce que je les revois ? Enfin ils donnent leur vie à la garde de Dieu.

Ceux qui descendent des tranchées sont gais, ils chantent. Mais aussi maintenant peut-être l'un ou l'autre a le cœur lourd, il a perdu un camarade, un fidèle compagnon ; dans ce cas, il peut non plus être heureux ; mais en tout cas ils sont de nouveau sûrs de leur vie. Mais, pour combien de temps ? Ils n'y pensent pas et ne veulent pas penser à cela.

Mais ces soldats ne pourront jamais supporter tout cela, s'ils n'avaient pas tous la même pensée. Ils savent qu'ils combattent pour le droit, pour leur Patrie, pour leur chère France qu'ils aiment de tout leur cœur. Ils savent aussi qu'ils défendent notre Alsace, qui leur est dévouée.

Aimé WAGNER,
École de Fellering.

III

Un matin, les troupes que nous avions dans notre village disaient qu'ils allaient partir. Vers dix heures, on les voyait, sac au dos et l'arme au bras, s'aligner sur les places. Alors, il y avait quelques soldats qui apportaient des cartouches et les distribuaient à tous les hommes. Après avoir fait un peu d'exercice, ils se sont mis quatre par quatre, et enfin partis. Ils étaient un peu tristes pour quitter le village quand ils aiment tant les villages. On entendit crier : « Au revoir ! Bonne chance ! » Et les voilà partis pour les tranchées.

Un moment après, un sergent et un sergent-fourrier arrivèrent et demandèrent où il y avait des granges, alors deux ou trois enfants sont allés avec eux pour les leur montrer.

L'après-midi, à trois heures, on entendit chanter; quand nous sommes allés voir, nous avons vu que c'étaient des troupes qui arrivaient au repos, et derrière eux venait la cuisine roulante et le ravitaillement. Tout de suite les soldats ont jeté le sac et ils sont allés se promener. Après le souper, ils ont raconté ce qu'ils avaient vu dans les tranchées. Ils ont chanté et dansé, ils étaient contents d'être au repos.

René MÉNY,
École de Moosch.

SECOND SUJET *(Voir page 21)*

I

Chère petite Sœur de France,

Par cette lettre je veux vous décrire comment les troupes françaises ont fait leur entrée dans la belle Alsace.

Le 3 août 1914, l'Allemagne déclara la guerre à la France. Aussitôt la France réunit ses armées et celles-ci arrivèrent le 7 août dans notre village. Vers onze heures du matin, les Boches parcouraient encore notre village, pendant que nos diables bleus passaient les montagnes et avançaient toujours. Il y eut une rencontre sur la colline de Saint-Joseph. C'est là qu'un Boche fut tué en se sauvant. Un autre fut blessé et ceux qui restaient s'enfuirent.

Vers trois heures de l'après-midi, un voiturier qui venait de la vallée nous disait que les Français sont déjà derrière Moosch. D'abord on ne voulait pas le croire, mais il le fallait ensuite. Presque tout le village était rassemblé sur la place de l'église. Ensuite la foule se pressait le long de la grande route On était impatient, car on se réjouissait de leur arrivée. C'était surtout pour admirer leur uniforme, c'est-à-dire la culotte rouge, la veste et la capote bleue.

Après une heure d'attente, on vit arriver les cavaliers, épée en main et s'avançant fièrement. Quelques moments après, ce furent les troupes qui défilèrent en rang. Comme c'était une journée très chaude, les soldats suaient sous leurs sacs. Ce qui était embêtant (*écrit d'abord :* empêtant), c'était de ne pas avoir quelque chose pour boire.

Ce fut le moment des prunes ; on secoua les pruniers, on remplissait des paniers, on parcourait les rangs des troupes et on leur en offrit. On n'entendit que crier : « Des prunes, oh, que c'est bon ! » On posa des seaux remplis de citron, d'eau ou de sirop, des deux côtés de la route, et les soldats y plongeaient leur quart.

Madeleine Hinderholtz,
École de Willer.

II

Ma chère petite Parisienne,

Avec quelle joie je prends aujourd'hui l'occasion de vous écrire une petite lettre qui, je pense, vous fera un grand plaisir. C'est surtout de vous raconter comment les premiers Français sont arrivés dans notre pays d'Alsace. C'était au mois d'août de l'année 1914 que ces braves Français ont pris place dans tous les villages d'Alsace. C'était admirable à voir, toutes ces troupes descendant des hauteurs d'Alsace, portant le drapeau tricolore (signe de la victoire), bien haut, comme pour appeler les Français d'aller se battre pour l'Alsace. Tout le monde était bien heureux de voir leur arrivée ; car parmi les Alsaciens on trouve un grand nombre de cœurs français, malgré qu'ils étaient pendant un certain temps sous la domination allemande, hélas ! ils n'ont pas oublié la France, car c'est la grande Patrie à tous. Tout le monde les ont reçus à bras ouverts, ils leur offrirent des fleurs, du tabac, etc. Mais pour cela nous avons aussi une grande récompense, ils sont venus pour défendre l'Alsace-Lorraine et surtout pour nous sauver des griffes de l'aigle noir qui nous tenait depuis des années.

Je vous assure, ma chère amie, que c'est pour moi un grand bonheur d'être de nouveau Française et de pouvoir continuer à vous écrire.

En attendant, recevez de votre petite Alsacienne qui vous aime, mille bons baisers.

Georgette HOFFNER,
École de Husseren.

TROISIÈME SUJET (*Voir page 21*)

I

Monsieur,

Nous sommes très touchés de votre aimable lettre que vous avez bien voulu nous faire parvenir et, par la présente, je m'empresse d'y répondre. Nous étions très peinés de voir que vous êtes tellement exposé aux dangers et aux tempêtes. Mais, consolez-vous, Monsieur, avec la belle saison que nous avons actuellement, ce sera aussi plus agréable sur les hauteurs, ce qui vous facilitera de beaucoup votre belle tâche, qui est de reconquérir notre chère Alsace, de nous rendre heureux en nous rendant à la France. De plus, on a quelque espoir d'une fin prochaine de cette guerre, qui arrache tant de pères de famille à leurs foyers et qui désole tant de monde. Avec les Américains qui sont prêts à combattre, comme vous, pour la France, il faut espérer que cette misère finira plus vite et que ces vaillants guerriers pourront bientôt retourner chez eux où on les attend avec impatience.

Permettez-moi, Monsieur, de vous demander des nouvelles de votre chère famille. J'aime à croire que tout le monde est en bonne santé, ce qui doit être une grande consolation pour vous. Veuillez, je vous prie, être l'interprète de mes meilleurs souvenirs auprès d'eux.

Au plaisir de vous revoir à votre prochain repos dans la vallée. Je termine mon petit bavardage, et je puis vous assurer que ce sera toujours avec grand plaisir que nous vous offrirons l'hospitalité.

Ma famille se joint à moi et me charge de vous présenter nos meilleures amitiés.

A bientôt de vos nouvelles.

Albertine SCHALLER,
École de Husseren.

II

Monsieur,

Avec grand plaisir j'ai reçu de vos nouvelles; mais je vois que, depuis que vous êtes aux tranchées, vous vous ennuyez beaucoup.

Ici, à Fellering, vous avez eu un bon lit, qui vous manque à présent; mais il ne faut pas vous en faire : il faut penser que vous êtes venu, non pas pour vous amuser, mais pour nous garder, et sauver notre pays chéri d'Alsace. Pour que la guerre finisse, qui vous ennuie, il faut donc travailler pour que les Boches soient chassés. Vous dites que vous vous trouvez loin de votre famille, mais conso-lez-vous! à la prochaine permission vous pourrez passer quelques jours avec eux, et je pense qu'ils seront très fiers de voir un héros décoré avec la croix de guerre.

Vous êtes à l'Hartmann, vous aurez encore l'honneur d'aider à chasser les Boches de Mulhouse, car je crois que vous irez bientôt, beaucoup de renforts sont arrivés. Vous pensez qui? Une foule d'Américains qui arrivent chaque jour. Prenez courage, vous les aurez, et Mulhouse sera française. Prenez courage! Je vous souhaite bonne chance.

Je suis toujours en bonne santé et j'espère que ma présente lettre vous trouvera de même.

Recevez, Monsieur, mes sentiments les plus respectueux.

Une Alsacienne qui aime la France,
Joséphine Nussbaum,
École de Fellering.

Histoire.

Second Sujet (*Voir page 21*)

I

Il y avait à Domrémy une jeune fille appelée Jeanne d'Arc. Son père se nommait Jacques d'Arc.

Un jour, Jeanne était assise dans le jardin et filait de la laine. Elle entendit une voix qui lui dit : « Jeanne, sois bonne, sois sage, sois pieuse.. » Une autre fois, elle vit deux figures, il lui semblait que c'était sainte Catherine et sainte Marguerite. Elles lui dirent : « Jeanne, va! Orléans sera délivrée par toi, va! » Jeanne répondit : « Je ne suis qu'une pauvre fille, je ne saurais pas monter à cheval, ni faire la guerre. » Mais les voix lui dirent : « Jeanne, va! la France sera sauvée par toi, va! » Elle raconta tout cela à ses parents, mais ceux-ci ne voulurent pas la laisser partir. Jeanne pria un de ses oncles, qui était à Vaucouleurs, de la mener chez Baudricourt. Arrivée devant celui-ci, elle commença à parler de Dieu et du roi. Baudricourt se mit à rire et dit à son oncle : « Donnez-lui quelques giffles et conduisez-la auprès de ses parents. » Jeanne ne voulut pas se laisser reconduire, elle retourna plusieurs fois chez Baudricourt. A la fin, celui-ci lui confia six cavaliers, lui donna un cheval et Jeanne s'habilla en soldat.

La petite troupe se mit en-route pour Chinon, car c'était là que demeurait le roi. Les cavaliers mirent dix jours pour arriver jusque-là. Ils arrivèrent le soir. On fit entrer Jeanne dans une salle éclairée par des cierges. Elle n'avait jamais vu le roi. Cependant, elle alla tout droit devant lui, se courba et dit : « Gentil dauphin, je viens pour délivrer Orléans. » Le roi eut grand plaisir d'entendre parler ainsi une paysanne de Dieu. Le lendemain, il lui donna une armée et elle marcha sur Orléans. Les Anglais furent battus par elle et ils se sauvèrent. Jeanne retourna ensuite chez le roi. Celui-ci se tenait maintenant à Tours. Elle l'obligea d'aller à Reims pour se faire sacrer. Pendant le sacre, elle se tenait derrière lui, portant fièrement son étendard. Elle alla ensuite à Compiègne où elle fut faite prisonnière par les Anglais. Ils l'appelèrent sorcière, envoyée du diable. Ils la jugèrent et il fut convenu qu'elle serait brûlée vive.

J'aime Jeanne d'Arc, parce qu'elle a quitté ses parents, son village, ses amis, pour aller au secours de la France. Après peu de temps, elle a versé son sang pour elle.

Tous les Français doivent aimer du fond de leur cœur l'admirable Jeanne, parce qu'elle est morte pour la France, pour nous donc.

Vive notre nouvelle patrie, parce qu'elle a toujours eu des personnages illustres.

Madeleine HINDERHOLZ,
École de Willer.

II

Pendant la guerre de Cent Ans, Dieu envoya une libératrice à la France. Ce fut Jeanne d'Arc, une humble bergère de Domrémy. Poussée par des voix mystérieuses, elle se leva et alla trouver le roi à Chinon. Arrivée près du roi, elle lui dit qu'elle venait pour délivrer

Orléans. Le lendemain, le roi lui donna une grande armée et partit pour Orléans, et c'est par elle que cette ville fut délivrée. Après la délivrance de cette ville, Jeanne retourna auprès du roi qui se trouvait alors à Tours. Elle lui dit : « Maintenant, il faut aller à Reims pour y être sacré. » Après le sacre, Jeanne voulut regagner la maison paternelle. Mais le roi insista. Jeanne alla donc à Compiègne, où elle fut faite prisonnière. Les Anglais la tirèrent à bas de son cheval et l'appelèrent sorcière envoyée du diable. Les Anglais la conduisirent à Rouen, où elle fut condamnée à être brûlée vive. Lorsqu'elle entendit le juge, Jeanne pleura et dit : « Faut-il que mon pauvre corps soit brûlé et mis en cendres. » Jeanne fut conduite sur la place publique. Là, le bourreau avait préparé le feu. Jeanne monta. Un moine se tenait devant elle et lui présenta une croix. Jeanne la baisa. Une flamme monta et elle dit : « Jésus ! » Puis elle mourut.

J'aime Jeanne d'Arc, parce qu'elle a donné son sang pour la France, pour nous.

Joséphine WALTER,
École de Willer.

PREMIER SUJET (*Voir page 21*)

I

Pendant la guerre de Trente Ans, qui durait de 1618 à 1648, d'effroyables malheurs s'abattirent sur l'Alsace ; elle était envahie du nord au sud par les Suédois. Les villes et les villages furent ravagés et la misère était au comble.

Alors quelques seigneurs d'Alsace et les villes libres demandèrent du secours à la France.

En l'an 1636, Richelieu envoya les premières troupes françaises en Alsace ; elles furent reçues avec grande joie.

Bientôt Saverne, Haguenau, et puis Schlestadt, Colmar passent sous la garde de la France. Et, après quelque temps, toute l'Alsace devint française. Le pays fut réuni définitivement à la France sous Louis XIV par le traité de Westphalie en 1648.

L'Alsace resta réunie à la France jusqu'à 1870. Dans cette guerre, l'Allemagne fut vainqueur et, par le traité de Francfort, elle dut lui céder l'Alsace, une partie de la Lorraine, et cinq milliards de francs.

L'Alsace a été arrachée par force de la France, elle n'aimait pas devenir allemande. Beaucoup de jeunes hommes d'Alsace se sont engagés dans la légion étrangère pour ne pas servir dans l'armée allemande. Tout de suite après l'annexion, l'Alsace envoya des députés pour protester contre tout abandon. Presque chaque année, des Alsaciens sont allés assister à la Fête nationale à Belfort, et l'Alsace est restée fidèle à la France.

Jeanne MARGRANDER,
École de Thann.

II

Au XVIIe siècle éclata la guerre de Trente Ans. Les protestants allemands se révoltaient contre l'empereur d'Autriche. Le cardinal de Richelieu, ministre de Louis XIII, alla soutenir les protestants allemands pour abaisser la Maison d'Autriche. Par plusieurs reprises, l'Alsace fut ravagée par les Impériaux, mais ils furent battus par les Suédois et les Français. Ils furent chassés de l'Alsace. En 1643, Louis XIII meurt et Louis XIV devient roi. Turenne reçut le commandement des troupes. Il fut battu au nord de l'Alsace et les Impériaux l'envahissaient. Turenne fit le tour des Vosges et alla pénétrer par le sud. Les Impériaux éloignés dans des villages croyaient passer l'hiver et battre les Français au printemps. Mais Turenne, vaillant général, les battit à Turkheim. Et il les chassa d'Alsace (1). En 1648,

---

(1) Une candidate, Marie Christen, de l'École de Thann, ne manqua pas de rappeler ce souvenir local : « En passant à Thann, Il (Turenne) fit sauter le château de l'En-« gelbourg, qui servait de refuge aux Impériaux. » (La belle campagne de Turenne en Alsace est de 1674-1675).

Louis XIV signa le traité de Westphalie et l'Alsace devint française, moins Strasbourg qui resta libre jusqu'en 1681, où Louis XIV fit son entrée solennelle. En 1648, l'Alsace était française.

En 1870, le roi de Prusse, Guillaume I, voulait faire roi d'Espagne son cousin Léopold. La France refusa et la guerre éclate avec la Prusse. Nos armées trop peu nombreuses et mal commandées furent battues à Wissembourg, Wœrth, Frœschwiller et Reischoffen, puis à Forbach, à Gravelotte et à Saint-Privat. L'armée française se retira vers Sedan où elle fut faite prisonnière. Le 28 septembre 1870, Paris fut assiégé. Bazaine enfermé dans Metz avec son armée furent faits prisonniers. Paris se rend le 29 janvier 1871. Les Français furent victorieux à Bapaume, mais battus à Saint-Quentin. L'armée de l'Est dut se réfugier en Suisse. On signa le traité de Francfort; malgré toutes les protestations, l'Alsace fut arrachée à la France.

Beaucoup d'Alsaciens et Lorrains, qui n'ont pas voulu devenir Allemands, sont allés en France.

Mais cette guerre actuelle ne se terminera pas avant que l'Alsace et la Lorraine ne retournent à la Mère-Patrie.

Ernest MÉNY,
École de Saint-Amarin.

LISTE DES ÉCOLES

ET DES

INSTITUTEURS ET INSTITUTRICES

I. — GARÇONS

Saint-Amarin, *É. P. S.*	Adjudant COMMARMOND.
	— GAUMONT.
	Sergent-major ROUBIÈS.
	— FOUROT.
	— SALMON.
	— LEHMANN.
	Sergent BOULANGER.
	— BLOCHMAY.
	— TOURDOT.
	— SARRAUSTE.
	Sergent-major COLLOT.
	M. KAMMERER.
Thann	Sergent BERTRUC.
	Sergent-fourrier CABRET.
	Sergent BRETIN.
	Caporal BARBIER DE LA SERRE.
	— LOMBARD.
	Soldat SACQUÉPÉE.

Saint-Amarin, *École élémentaire*	Adjudant JOLIBOIS. Sergent-major BOYÉ. Caporal RAMIER.
Bitschwiller	Soldat BORNE. — MONDON. M. HARTMANN.
Fellering	Sergent-fourrier BOULANGER. Sergent PEYROT.
Geishouse	M. MERGLEN. Soldat SALOMON.
Husseren-Wesserling	Adjudant MAUPQUMÉ. Sergent JASSEREU.
Krüt	Sergent-major GRUNINGER. Caporal BACHOLLET. Caporal-fourrier VUILLEMIN.
La Bresse	Sergent MALICET.
Leimbach	Sergent MARTIN.
Malmerspach	Sergent BROSSARD. M. OTT.
Mittlach	Sergent VAUDOIS.
Mitzach	Sergent COURTAT.
Mollau	Caporal CHRIST.
Moosch	Caporal GEOFFROY. Sergent BRESSON. Caporal LEMAÎTRE.
Oderen	Sergent-major MARTHE. Sergent LANGERON.

Rammersmatt	Sergent Civier.
Ranspach	{ M. Schuffenecker. Sergent Nicollet.
Roderen	{ Soldat Pecqueret. M. Stern.
Storkensohn	{ Sergent Coulon. Soldat Cordier.
Urbès	Sergent-fourrier Bouillet.
Wildenstein	Soldat Aymar.
Willer	{ Caporal Poilecot. M. Horny. Soldat Dubreuil.
Zainvillers	Sergent Delpech.

II. — FILLES

Saint-Amarin, *É. P. S.*	Adjudant COMMARMOND. Sœur SÉBASTIENNE. — FIDÉLIA.
Thann	Sœur MARIE-CLARANCE. — LAURENTIANA. Mlle HARTMANN.
Saint-Amarin, *École élémentaire*	Sœur MARIE-GERMAINE.
Bitschwiller	Sœur ANTONINE.
Fellering	Sœur DÉLIA.
Geishouse	Mlle JAECKLÉ. Mme DECOBECQ.
Husseren Wesserling	Sœur RICHARDINA.
Krüt	Sœur RELINDE. — Modestina.
La Bresse	Sergent MALICET.
Malmerspach	Mlle SEEGER. Mlle MULLER.
Mitzach	Sœur FERDINANDA.
Mollau	Sœur EDMONDE.
Moosch	Sœur ARCHANGÈLE.
Oderen	Sœur BASILE.

Rammersmatt . . . . . Mlle WILD.
Ranspach . . . . . . Sœur ÉLECTA.
Roderen . . . . Sœur HEINRICH.
Urbès . . . . Sœur SIDONIA.
Wildenstein . . . . . { Sœur BONIFACIA.
                       — MARIE-FÉLICIE.
Willer . . . . Sœur ÉLIA.

LISTE DES ÉLÈVES

QUI ONT OBTENU LE CERTIFICAT (1)

I. — GARÇONS

Bitschwiller

Louis Blaise,	a. b.	René Hirth,	a. b.
Armand Buhr,	a. b.	Paul Jung,	a. b.
Alphonse Ehret.		Lucien Naegelen,	a. b.
Lucien Glatz,	a. b.	Paul Redhaber,	a. b.
Joseph Gœpfert .		Henri Urfer,	a. b.
Lucien Hégy,	a. b.	Aimé Vilmain,	b.
Auguste Hildenbrand,	a. b.	Jules Ziebelen.	

Fellering

Georges Breitschmitt,	b.	Charles Robischung,	a. b.
Paul Hinder,	b.	Auguste Scherlen,	a. b.
Eugène Hoffer,	a. b.	Oscar Schwobthaler,	t. b.
Paul Luttenbacher,	b.	Aimé Wagner,	t. b.
Henri Mehr,	a. b	André Weiss,	a. b.
Léon Rasser,	b.	Antoine Weiss,	b.
Eugène Hoffner,	a. b.		

Geishouse

Chrysostome DREYER, — a. b.   Fernand LUTTRINGER,   a. b.
Maxime KERN, — a. b.   Léon LUTTRINGER.
Stanislas LUTTRINGER.

Husseren-Wesserling

Charles ALM.   Paul GASSER,   a. b.
Mathieu ARNOLD.   Ernest GOLLY,   b.
Mathieu BURGUNDER,   a. b.   René MUESS,   a. b.
Louis DESPLINTE,   b.   Léon MURA,   b.
Charles DOPPLER,   a. b.   Joseph NUSSBAUM,   a. b.
Charles FLORY,   b.   Georges WINTER,   b.

Krut

Émile ARNOLD,   a. b.   Émile HUMBRECHT,   a. b.
Georges FISCHER.   Alphonse KORNACKER,   a. b.
Willy FRITZ,   a. b.   Louis KORNACKER,   a. b.
Émile GRUNENWALD,   a. b.   Émile MULLER.
Émile PERRING,   a. b.

La Bresse

Alphonse SANNER.

Lelmbach

Auguste BRUCKERT,   a. b.   Antoine CLAEN,   a. b.
Théophile BRUCKERT,   a. b.   Michel CLAEN,   a. b.

Malmerspach

Antoine Fessler.   Charles Schœck,   *a. b.*
Alphonse Schwebel.

Mittlach

Jean Staehly,   *b.* Joseph Jaëglé,   *a. b.*
Jean Fuchs,   *a. b.*

Mitzach

Joseph Hans.   Paul Hergott,   *a. b.*
Justin Hans.   Joseph Luthringer,   *a. b.*

Mollau

Joseph Etter.   Joseph Haller,   *a. b.*
Joseph Gartner,   *b.*   Thiébaut Meyer,   *b.*

Moosch

Joseph Berna.   René Mény.
Jules Berna,   *b.*   Joseph Monti.
Ernest Guth.   Émile Ortelli,   *a. b.*
Paul Herter,   *a. b.*   Albert Peter.
Jean Lindeckert,   *a. b.*   Paul Weinmann.
Eugène Wetterer.

Oderen

Mathieu Almy,   *b.*   Joseph Horny,   *a. b.*
Oscar Arnold,   *a. b.*   Alphonse Nehr,   *a. b.*
Eugène Burgunder,   *a. b.*   Victor Sanner,   *b.*
François Grunenwald,   *b.*   Bruno Walch,   *a. b.*

Rammersmatt

Paul Hog,   a. b.

Ranspach

François Bobenrieth,	a. b.	François Labouèbe,	b.
André Dreyfus,	b.	Jacques Luttringer,	a. b.
Joseph Eggenschwiller,	a. b.	Henri Nehr.	
Mathieu Jaeglé,	a. b.	Théophile Nehr,	a. b.

Roderen

Aloyse Gerthoffer,	a. b.	Charles Martin.	
Alfred Gschwend,	a. b.	Charles Schuffenecker,	a. b.
Léon Huebber,	a. b.	Georges Schuffenecker,	a. b.
Henri Hürth.		Charles Weber.	

Saint-Amarin

Louis Beltzung,	a. b.	Germain Luttringer,	a. b.
Thiébaut Chatelain,	t. b.	Lucien Menny,	b.
Lucien Dreyer,	b.	Ernest Mény,	b.
Louis Debenath,	a. b.	César Mougel,	a. b.
Léon Eggenscwiller,	b.	Denis Mura,	b.
Philippe Ferflamm,	b.	Armand Muré,	b.
Joseph Fusch,	b.	François Risacher,	b.
Henri Geber,	b.	Joseph Schaller,	b.
Jean Grunenwald,	b.	Yvan Schweigofer,	a. b.
Rodolphe Hannauer,	a. b.	Louis Sthelé,	b.
Joseph Hergott,	b.	Marcel Stirnemann,	a. b.
Marcel Kibler,	t. b.	Joseph Studer.	
François Ludwig,	t. b.	Eugène Wankenne,	t. b.
Justin Lutringer,	b.	Camille Wohlgroth,	a. b.

Storkensohn

Jean-Baptiste HALLER,   *b.*

Thann

Gabriel BRAUER,	*a. b.*	Alphonse LOOS,	*b.*
Jean BRAUER.		Henri LIMACHER,	*a. b.*
Henri DREYER,	*a. b.*	Jules LUTRINGER,	*a. b.*
Paul ECKÈS,	*a. b.*	Charles MARSCHALK,	*a. b.*
Marcel FALLECKER,	*a. b.*	Eugène MEHREMBERGER,	*a. b.*
Jules FRITSGH.		Paul NŒGELEN,	*a. b.*
Pierre HILLENWECK,	*a. b.*	Georges REINHERR,	*a. b.*
Étienne HIMMELBERGER,	*b.*	Lucien RUGRAFF,	*a. b.*
Charles HUBER,	*a. b.*	Fernand SCHACHER,	*a. b.*
Georges ILTIS,	*a. b.*	Jean SCHWING,	*a. b.*
Ernest KIRCHMEYER.		Joseph SINGER,	*b.*
Ernest LEMBLÉ,	*b.*	Robert WIOLAND,	*a. b.*

Georges ZIMMERMANN,   *b.*

Urbès

Joseph BOHLER,	*a. b.*	Joseph MURA,	*b.*
Joseph DENNECKER,	*b.*	Xavier MURA,	*b.*
Paul GRIMM,	*a. b.*	Alphonse REBISCHUNG,	*a. b.*
René LAUURENT,	*b.*	Édouard REBISCHUNG,	*a. b.*
Louis MENNY,	*a. b.*	Émile SCHALLER,	*b.*

Wildenstein

Auguste ALEXANDRE,	*a. b.*	Arthur MARINONI,	*a. b.*
Adolphe BINDLER,	*a. b.*	René MULLER.	
Alexandre BIWAND,	*a. b.*	René NEU,	*b.*
Paul JACOBERGER,	*a. b.*	Lucien WEY,	*a. b.*

Willer

Charles BELZUNG,	a. b.	Aimé SCHIRCH,	a. b.
Georges BLATZ,	a. b.	Joseph SCHIRCH,	b.
Charles CORTI.		Louis WISS,	t. b.
François HUMBRECHT,	a. b.	Jean WUCHER,	b.
Charles MURAT,	b.	Georges WUCHER,	b.

Zainvillers

Paul BAECHLER,	a. b.	Valentin GRAF,	b.
Georges BAUMGARTNER,	a. b.	Georges RIFFENACH,	b.
Alfred COCH,	b.	Albert WELLER,	b.

II. — FILLES

Bitschwiller

Anna Axt,	b.	Anna Grattini,	a. b.
Laure Bellmann.		Valentine Meyer,	a. b.
Jeanne Beltzung,	a. b.	Marthe Rudler,	a. b.
Marguerite Claudel.		Hélène Schaffhauser,	b.
Maria Fuessinger,	a. b.	Marthe Thomas.	
Antoinette Gœpfert,	a. b.	Marguerite Wasner,	a. b.

Fellering

Anna Almy,	a. b.	Amélie Bulher,	b.
Lina Arnold,	b.	Hélène Bulher,	a. b.
Berthe Béhe,	b.	Marguerite Golly,	a. b.
Anna Belzer,	a. b.	Alice Haller,	b.

Geishouse

Julie Flory.		Albertine Kubler,	a. b.
Anna Kern,	a. b.	Julie Walter.	
Marguerite Zussy,	a. b.		

Husseren-Wesserling

Marie Bauer,	a. b.	Georgette Hoffner,	b.
Marie Burgunder,	a. b.	Marie-Louise Leherr,	b.
Marie Didierlaurent,	b.	Jeanne Muller,	b.
Pauline Diemunsch,	a. b.	Lucie Spony,	a. b.

Krut

Alice ARNOLD,	*b.*	Ernestine LIDDY.	
Eugénie ARNOLD.	—	Suzanne MULLER,	*b.*
Valentine ARNOLD,	*a. b.*	Joséphine NILLY.	
		Mathilde NILLY,	*a. b.*

La Bresse

Jeanne MICHEL,	*a. b.*	Mathilde RŒSS,	*t. b.*

Malmerspach

Lucie FEDER,	*b.*	Élise KEMPF,	*b.*
Cécile KEISSLER,	*a. b.*	Maria LUTTRINGER,	*a. b.*

Mittlach

Clotilde FUCHS,	*b.*	Alice ILTIS,	*b.*
		Louise NEFF,	*a. b.*

Mitzach

Antoinette MENNY,	*a. b.*	Joséphine ORTELLY.	
Jeanne MULLER,	*a. b.*	Suzanne VALLENBURGER,	*b.*

Mollau

Florine EHLINGER,	*b.*	Louise HALLER,	*b.*
Odile EHLINGER,	*b.*	Hélène HELD,	*b.*
Angélique FOUGUET,	*t. b.*	Anna MEYER,	*a. b.*
Berthe GARDNER,	*b.*	Élisa SIMMA,	*b.*

Moosch

Marie BRODBECK.	Clotilde MONTI,	b.
Lina FEDER.	Maria MURA,	a. b.
Christine HOFFNER.	Anna TSCHAEGLE,	a. b.
Jeanne LUTTRINGER, a. b.	Andrée APFLER,	b.

Oderen

Anna GOLLY, a. b.	Marie MURA,	a. b.
Georgette JACOB.	Eugénie NILLY,	a. b.
Maria MUNSCH.	Lina SCHERLEN.	

Rammersmatt

Joséphine BLOSER, b.   Marie LERCH, b.
Marie-Thérèse SCHNEBELEN, b.

Ranspach

Marie FLORY, a. b.	Cécile MERGLEN,	a. b.
Maria FUCHS, b.	Maria PETER,	a. b.
Maria HARTMANN, b.	Maria SCHEIDECKER.	
Louise LUTTRINGER, a. b.	Hélène WEBER.	
Adèle WEBER, a. b.		

Roderen

Georgette TSCHIRHART, a. b.	Marie RIETH,	a. b.
Rosalie GRUNENWALD, a. b.	Marie BUHR,	a. b.

Saint-Amarin

Raymonde ACKERMANN,	a. b.	Marthe LIROT,	b.
Élisabeth DIEMUNSCH,	b.	Irma MUNSCH,	b.
Élisabeth DIETSCH,	b.	Marie PETER,	t. b.
Joséphine GENTNER,	a. b.	Jeanne POINTET,	b.
Odile GRETH,	b.	Joséphine SANNER.	
Antoinette KAEMMERLEN,	b.	Maria SONNELITTER,	a. b.
Mathilde KIBLER,	b.	Hélène SCHREYER,	a. b.
Marie KURTZEMANN,	a. b.	Maria SCHRUOFFENEGER,	t. b.
Joséphine LUTTRINGER,	t. b.	Marie WITTMANN,	t. b.
		Alice ZAGULA,	t. b.

Storkensohn

Marie GULLY.		Martina PLULICK,	a. b.
Virgine KRAGEN,	a. b.	Anna SCHEHR,	a. b.
		Alice SCHNEIDER,	a. b.

Thann

Marie CHRISTEN,	b.	Jeanne MARGRANDER,	b.
Marie FISCHER,	a. b.	Augusta MEYER,	b.
Antoinette FRITZ.		Marguerite MEYER,	a. b.
Marie HEITZ,	a. b.	Eugénie MONNIER,	b.
Marguerite HUNDSINGER,	b.	Louise ORTLIEB,	b.
Marie HUMBRECHT,	b.	Baldine PEROLLA,	b.
Madeleine KESSLER,	t. b.	Angèle SCHAECHER,	b.
Rosa KESSLER,	b.	Germaine STIRNEMANN,	b.
		Hélène SCHWING,	b.

Urbès

Odile ALBRECHT,	a. b.	Mathilde ERNST,	a. b.
Léonie BINDER.		Maria HANN,	a. b.
Célestine BRID,	a. b.	Germaine LAURENT.	

Wildenstein

Marguerite MEYER,	b.	Germaine OSWALD,	b.
		Anna WEGERICH.	

Willer

Cécile FELLMANN,	a. b.	Lucie RIETH,	a. b.
Madeleine HINDERHOLTZ,	b.	Jeanne SCHILLING,	a. b.
Hélène MARTIN.		Marie TSCHAEGLE,	b.
Sophie REBISCHUNG,	a. b.	Joséphine WALTER,	b.
Marguerite WUCHER,	a. b.		

COURS D'ADULTES

I. — GARÇONS

Husseren-Wesserling

André Scherrer, *a. b.*

Saint-Amarin

Paul Mayer, *t. b.*

II. — FILLES

Fellering

Marie Bick,	*b.*	Marie Naegelen,	*b.*
Joséphine Rasser,	*b.*	Joséphine Nussbaum,	*b.*

Husseren-Wesserling

Thérèse Simon,	*a. b.*	Albertine Schaller,	*t. b.*
Joséphine Arnold,	*b.*	Alice Winter,	*b.*

Krut

Mathilde Arnold,	*t. b.*	Augustine Kunzelmann,	*a. b.*
		Justine Munsch	*b.*

Saint-Amarin

Cécile ANDRÈS,	*a. b.*	Marguerite KAEMMERLEN,	*t. b.*
Emma CHRISTEN,	*a. b.*	Élise LUDWIG,	*a. b.*
Lina CHRISTEN,	*a. b.*	Marie LUTTRINGER,	*a. b.*
Martina GOLLY,	*b.*	Augustine NETTER,	*b.*
	Antoinette RINGENBACH,	*a. b.*	

Thann

Théobaldine FIMBEL,	*b.*	Élisa GREINER,	*b.*
Marthe FUCHS,	*a. b.*	Marie LUTTRINGER,	*b.*

ALLOCUTION

du Recteur de l'Académie de Nancy

———

Aux Enfants d'Alsace

*Certificat d'Études primaires,
à Saint-Amarin, 1ᵉʳ Juillet 1918.*

Pour la troisième fois, et avec une émotion qui m'est de plus en plus douce, je me retrouve au milieu de vous, mes Enfants. En 1916, on avait amené vos devanciers en camions automobiles militaires, à Rupt-sur-Moselle, de l'autre côté des Vosges : ils n'étaient que 163. Les candidats de 1917 se trouvant trop nombreux déjà pour être ainsi transportés, 326, c'est nous qui avons dû venir en Alsace, avec un jury en grande partie vosgien. Cette année, votre nombre s'est encore accru, 410 ; mais, surtout, vous pouvez constituer vos jurys sur place, avec vos maîtres et vos maîtresses de toute l'année scolaire, sans plus emprunter personne au dehors. Et si cependant vous avez invité quelques-uns d'entre nous à revenir pour juger de vos progrès, c'est une gracieuseté et c'est un honneur que vous nous faites, et nous en sommes bien heureux, je vous assure. Mais vous n'aviez plus besoin de nous. Et savez-vous maintenant mon souhait le plus cher ? C'est que bientôt, le plus tôt possible, notre présence ici soit tout à fait superflue, et que vous ayez vos Inspecteurs français ou alsaciens de Thann, de Mulhouse, de Colmar, votre Recteur français de Strasbourg. Je salue d'avance avec vous l'aurore de ce beau jour.

En attendant, que de choses françaises n'avez-vous pas apprises en ces trois ou quatre années ! Les plus petits d'entre vous ont marché à pas de géant. Et voici que vos aînés eux-mêmes ne veulent pas se laisser dépasser par les plus jeunes : se remettant, aux environs de leur vingtième année, à un travail d'écolier, ils rattrapent le temps perdu. Mais aussi quels maîtres n'avez-vous pas pour vous instruire, et quelles maîtresses ! Les instituteurs-soldats ont apporté, dans l'accomplissement de leur tâche, le plus heureux mélange de qualités ou de vertus : celles du soldat et celles de l'instituteur. Et les institutrices, pour la plupart religieuses de la Providence — mais les autres se sont montrées leurs dignes sœurs — apportaient à la fois leur zèle ardent de religieuse et leur beau dévouement d'institutrice. Chacun et chacune avait ainsi comme deux âmes qui se doublaient l'une l'autre, ou plutôt qui se confondaient en une seule et même âme, exaltée encore par le sublime amour de la France. Par ma voix de vieil universitaire qui a vu, tout enfant, 1870, et s'en est toujours souvenu, soyez-en remerciés, soyez-en bénis !

Mais, outre les excellentes leçons données en classe, la vue journalière de ce labeur en commun, sous ces uniformes et sous ces costumes, avec ces képis ou ces casques, avec ces coiffes blanches, que la guerre a rapprochés, n'est-elle pas aussi par elle-même une leçon, pour les familles comme pour les enfants, la leçon française, que la France avait, la première, donnée au monde et qu'elle ne saurait oublier, la grande et belle leçon de tolérance, ou plutôt de sympathie mutuelle, de concorde et d'union ?

D'ailleurs, en ces temps tragiques où nous vivons, tout n'est-il pas matière, ample et riche matière à leçon, dans les livres d'abord, mais aussi et surtout, hors des livres ? Lisez, certes, mes Enfants, les pages qu'on vous donne à apprendre ; mais levez aussi les yeux au-dessus de ces pages, et regardez bien autour de vous. Quel magnifique spectacle !

* * *

C'est d'abord la France entière qui défile devant vous. Nous n'avions sous les yeux en notre enfance que des descriptions de la France, avec des phrases et des mots, que des cartes plus ou moins coloriées, avec des figures ou des dessins. Vous pouvez voir, vous, les Français eux-mêmes en chair et en os, venus ici de tous les points de la France dans nos régiments du Nord et dans ceux du Midi. Quelle est la province française qui, du fait de la guerre, n'a pas envoyé ses fils parmi vous? Et avec tous, vous avez aussitôt refait connaissance, comme avec des parents et des amis retrouvés. Vous entendez tour à tour l'accent picard et l'accent provençal; vous prenez même un peu celui-ci, m'assure-t-on. Et voici encore au milieu de vous nos gars de l'Est et nos gars de l'Ouest, vos voisins et amis de Lorraine, vos frères de Bretagne, je dis *frères* : un savant d'Allemagne n'a-t-il pas avoué que rien ne ressemble plus à un crâne breton que le crâne d'un Alsacien, qui ressemble également au crâne d'un Auvergnat, tous crânes celtiques, en effet, et que l'on retrouve dans la vieille Gaule, avant la France. Et si l'on analysait les cervelles, on y reconnaîtrait sans doute aussi la même substance dure et fine : dure, parce qu'elle retient ce qu'on y enfonce, et fine et légère, parce qu'elle aime la gaieté et la joie. C'est en France, et c'est un Français qui a dit que « rire est le propre de l'homme »; et un Alsacien a traduit aussitôt ces pages de notre Rabelais, et plus tard, dans le rire énorme de Kléber, il nous semblait entendre rire toute l'Alsace.

Est-ce là tout ce que vous avez vu — mieux qu'on ne le verrait au cinéma, — défiler dans votre vallée? Non, car la France n'est plus bornée aux rivages que baignent ses deux mers. Il y a maintenant des Français bien au-delà de l'Océan et de la Méditerranée. Et vous les avez vus aussi, ces Arabes de notre Algérie, de notre Tunisie et de notre Maroc, ces nègres aux différentes teintes du Sénégal, du Congo, du Soudan, et ces autres noirs de notre grande île malgache, et, débarqués de plus loin encore, des hommes jaunes, des Annamites et des Tonkinois, à leur tour; car, il y a maintenant des Français de toutes les races et de toutes les couleurs, et ils méritent bien ce nom de Français, puisqu'ils ont reçu le plus beau des baptêmes, et le meilleur aussi, le baptême du sang. Comme les enfants de la mère-patrie, ils savent se battre et se faire tuer, ils savent vaincre pour la France. Vous avez vu ainsi, mes Enfants, de vos propres yeux vu, et jamais ce spectacle ne s'effacera de votre mémoire, notre « plus grande France », venue jusque chez vous, mêler ses uniformes kaki aux uniformes bleu horizon : plus heureux que nous, qui ne la connaissions pas si grande encore, et n'en avions qu'une idée confuse et incomplète, par des lectures ou par ouï-dire. C'était là, en outre, la récompense et le c   nnement des exploits de vos aînés, si nombreux dans la   Légion » et qui nous ont valu notre empire colonial. Oui, ces nouveaux Français d'hier, ces Français noirs et jaunes, ce sont, pour une grande part, les Alsaciens qui, depuis quarante années, en combattant pour notre drapeau, dans toutes les parties du monde et sous tous les climats, les ont donnés à la France.

*
* *

Mais n'avez-vous pas vu autre chose encore? Si fait : en même temps que les Français, vous avez vu les amis de la France, de vrais et bons amis, et, comme ils l'ont déclaré eux-mêmes, « à la vie et à la mort ». Combien de peuples, en effet, petits et grands, font cause commune avec nous !

Les Belges d'abord, qui se sont déclarés les premiers. En 1913, à Bruxelles, causant avec une haute personnalité politique, qui fut d'ailleurs du même avis, je me permettais de lui dire : « Qui sait ? peut-être un jour, la Belgique « sauvera la France : on a souvent besoin d'un plus petit « que soi. » Un an plus tard, en effet, arrêtant ou retardant de trois semaines la ruée ennemie, la Belgique sauvait la France. La France se doit à elle-même de sauver maintenant la Belgique : elle la sauvera.

Mais, si vous n'avez peut-être pas vu de Belges venus jusqu'ici, vous avez vu certainement des Anglais et des Écossais. En 1636, ce fut un colonel écossais, avec son régiment au servic. de la France, qui délivra Saverne de l'oppression allemande, et donna cette première ville d'Alsace à Louis XIII : l'histoire ne va-t-elle recommencer ? Mais les Anglais ne viennent pas seuls non plus : toutes les colonies anciennes et nouvelles de l'Empire britannique, pour la plupart élevées à la dignité d'États libres, ont envoyé volontairement leur jeunesse en Europe pour la défense d'une cause qu'elles ont reconnue juste et bonne, et pour son triomphe : Australie et Nouvelle-Zélande, malgré l'éloignement, et les Indes, et l'Afrique du Sud, unie seulement d'hier à l'Empire, et aussitôt fidèle, et la puissance anglo-française du Canada. Dans notre enfance, nous devions feuilleter les atlas, et chercher du doigt au-delà des mers ces lointaines contrées dont nous ne connaissions guère que les contours géographiques, avec les montagnes et les fleuves. Vous, ce sont leurs habitants en personne que vous avez vus : ils se sont même parfois assis à vos foyers, ils parlaient leur langue, ou s'essayaient à la nôtre, ils unissaient leurs couleurs à notre drapeau tricolore. Encore une fois, grande et inoubliable leçon.

Et ce n'est pas tout. Celle que nous appelons notre sœur latine, l'Italie, a senti tressaillir dans ses veines cette parenté du sang, et s'est tournée enfin du bon côté. L'Autriche, qui depuis des siècles l'opprime ou la menace, se promettait bien, cette fois, d'écraser du poids énorme de ses armées un peuple dont elle affectait de mépriser la résurrection. Et voici qu'hier l'Italie a victorieusement repoussé une formidable attaque. Une fois de plus, comme disait un de ses hommes d'État, rappelant deux chefs-d'œuvre de ses plus grands artistes, Donatello et Michel-Ange, « David a vaincu Goliath, saint Georges a vaincu le Dragon ».

Mais voici maintenant le dernier et le plus puissant de nos Alliés, le grand peuple des États-Unis d'Amérique. Il a tardé quelque peu, mais il est venu, non pas tant pour répondre à des sollicitations que notre fierté nationale nous défendait de lui adresser expressément : il répondait plutôt à l'appel silencieux murmuré du fond de la tombe par le héros français qui combattit le premier jour pour leur indépendance ; ou mieux encore, ce grand peuple répondait à l'appel intérieur, à la voix de sa conscience, éclairée enfin sur la justice de notre cause, nous pouvons le dire, nous, sans mensonge, plus éclatante et rayonnante que le soleil. Tel est bien le sens de cette parole du général Pershing, se rendant, aussitôt débarqué en France, droit au cimetière où repose La Fayette, et prononçant ces simples paroles : « La Fayette, nous « voici ! » Paroles qu'il devait répéter en mars dernier, se mettant, lui et son armée, sous les ordres du généralissime français pour contenir et arrêter l'ennemi dans son impétueuse avance vers notre capitale : « Général, nous voici ! » Et les voilà, en effet, de plus en plus nombreux, 900.000 déjà au bout de la première année, un million bientôt, un million et demi, deux millions. Ils arrivent innombrables, équipés, outillés, entraînés déjà ; vous les avez vus à l'œuvre, et l'Allemagne commence à sentir leurs coups. Et nous entendons, dans nos villes et villages de France, les musiques des régiments américains jouer, aussi allègrement que leur hymne national, notre *Marseillaise* et *Vous n'aurez pas l'Alsace et la Lorraine!* On ne saurait illustrer mieux le titre du livre d'un de nos amis de là-bas « Les Français « au cœur de l'Amérique » ! L'Amérique porte toujours, en effet, la France dans son cœur.

*
* *

Mais pourquoi ce concours de tant de peuples en armes, prêts au sacrifice, je dirai presque au martyre ? Et pour qui ? Pour nous, ce semble, Français de France, et pour vous aussi, Français d'Alsace. Nos Alliés l'ont déclaré eux-mêmes à Londres et à Washington, et nous pouvons bien les croire : ils sont venus combattre pour que nous soyons enfin maîtres chez nous, dans toute l'étendue de notre France, et pour que l'ennemi soit rejeté,

Jeanne d'Arc disait « bouté » hors de ce pays, qui est nôtre. Une médaille frappée en 1681, lorsque Strasbourg se donna à la France, proclamait en latin, dans un style pompeux, à la Louis XIV, que cette ville devenue française, c'était la porte de la France fermée aux Allemands, *Gallia clausa Germanis*. Hier, mais en langage plus familier, un de nos généraux reprenait la formule dans un ordre du jour à ses troupes qui venaient de refouler le Boche se ruant sur Paris : « Vous leur avez claqué la porte au nez ». Et la médaille de Verdun, qui vous sera distribuée tout à l'heure, le répète énergiquement : « On ne passe pas ». Elle vous montre, cette médaille, ce qui empêchait jadis l'ennemi de passer, et ce qui l'empêche aujourd'hui : jadis, c'étaient des tours massives, des forteresses de pierres ; aujourd'hui, c'est un rempart vivant, une muraille humaine, mais dont les brèches sanglantes ne manquent jamais de volontaires pour les réparer ; c'est, casque en tête, et fusil au poing ou parfois même couteau entre les dents, un soldat.

Mais ce n'est pas pour nous seulement que tant de peuples sont entrés de propos délibéré dans cette guerre. C'est aussi pour tous les peuples opprimés ; on peut compter jusqu'à vingt-cinq de ces peuples qui attendent de notre commune victoire leur délivrance. Cherchez-les sur la carte et vous les trouverez tous ; il y en a partout où prétend dominer l'Allemand ou l'Autrichien, le Turc ou le Bulgare. Cela ne vaut-il pas la peine que l'on donne et son sang et sa vie ? D'ailleurs ces petits peuples opprimés entendent s'aider eux-mêmes et payer aussi de leur personne. Déjà une armée serbe reconstituée prend sa part de nos combats ; puis, à la stupeur et à la colère de leurs tyrans, une armée tchèque ou tchéko-slovaque s'est levée, puis une armée polonaise. L'aigle blanc de Pologne, chassé de son pays par un aigle noir à deux têtes, un monstre parmi les oiseaux de proie, a trouvé un refuge en France ; et c'est de France qu'il reprend aujour-d'hui son vol pour planer bientôt de nouveau dans le bleu de son ciel natal. Tous les peuples libres, ou qui veulent le redevenir, se sont ainsi dressés pour le même idéal qui doit enfin leur assurer la paix. On parle, sans doute, de paix dans les deux camps adverses, on parle partout de la paix. Mais ce beau mot, dont on abuse, est loin d'avoir, dans toutes les bouches, la même signification : la paix allemande, qui serait aussi la paix des Turcs et des Bul-gares (et rien que cette complicité suffit à lui donner un sens sinistre : voyez plutôt les Grecs d'Asie et les Armé-niens), ce serait l'esclavage pour tout l'univers (voyez dès maintenant les Russes) ; tandis que la paix française, britannique, américaine, la paix des peuples libres enfin, c'est pour tout le monde la Liberté.

*
* *

La France en est toujours, comme aux époques héroïques de son histoire, la grande inspiratrice. Jeanne d'Arc, en son temps, avait ses visions et ses voix. Plus tard, Victor Hugo, se faisant le porte-parole des soldats de l'An II, a pensé qu'une voix d'en-haut retentissait aussi à leurs oreilles et qu'une vision sublime illuminait aussi leur regard. Cette voix, vous la connaissez :

> *La Révolution leur criait : Volontaires,*
> *Mourez, pour délivrer tous les peuples, vos frères !...*

Et cette vision, la voici :

> *Ils eussent, sans nul doute, escaladé les cieux,*
> *Si ces audacieux,*
> *En retournant la tête dans leur course olympique*
> *Avaient vu derrière eux la Grande République*
> *Montrant du doigt les cieux.*

Mais pourquoi emprunter ses vers à notre grand poète national ? Je pourrais, mes Enfants, trouver aussi bien, sans sortir de chez vous, de votre « douce Alsace », ainsi que l'appelait un vieux chroniqueur, au temps où l'on disait aussi « la douce France » : les deux races, comme deux sœurs, méritaient déjà la même appellation. Donc je feuilletais, ces jours-ci, en pensant à vous, la pâle reproduction d'un manuscrit unique du xiie siècle, dont les Allemands ont détruit l'original, dans l'incendie de la Bibliothèque de Strasbourg, la nuit du 24 au 25 août 1870. Le titre de ce manuscrit, antique monument de la science et de la sagesse des vieux âges, est à noter : *Hortus deliciarum*, « Jardin des Délices », de Herrade de Landsberg, abbesse de Hohenbourg ou du couvent de Sainte-Odile. « Jardin des Délices », savez-vous ce qu'elle appelle ainsi ? La fleur des connaissances humaines, comme si l'étude devait être une promenade d'agrément dans le plus beau jardin du monde. Elle est bien cela aussi pour vous, n'est-il pas vrai, mes Enfants ? Elle doit l'être, ne fût-ce qu'en souvenir de la savante religieuse, et pour répondre aux soins de vos maîtresses et de vos maîtres.

Donc, parmi les nombreux dessins (à défaut des miniatures en couleurs, irrémédiablement perdues), j'en remarquais deux surtout. Voici le premier. Armées de pied en cap, pour un combat à mort, d'un côté les Vertus, et de l'autre les Vices. Le Vice principal, qui est aussi le premier des sept péchés capitaux, l'Orgueil, s'élance sur un cheval fougueux, prêt à fouler sous ses sabots le monde, et il entraîne à sa suite toute la bande des autres Vices. En face, lui tenant tête, et sûre de la victoire, l'Humilité (ou la Modération, la Mesure), qui reconnaît à chacun ses droits, et s'efface au besoin devant autrui, loin de prétendre rien accaparer ; toutes les Vertus, ses compagnes, lui font cortège, au premier rang, la Justice et la Force. La Force, remarquez-le bien, ne va jamais seule, bien que de nos jours, on l'oppose comme puissance indépendante, au Droit. Ou bien elle marche aux côtés de la Justice, et elle est alors elle-même une Vertu ; ou bien, elle a l'air d'être seule, mais derrière elle se dissimule l'Orgueil, l'appétit ou la rage de domination et d'asservissement. Et tandis que, dans le premier cas, son œuvre est belle et bonne : assurer le règne de la Justice sur la terre ; dans le second, elle se fait seulement l'exécutrice des plus basses œuvres de la puissance du mal.

Mais le second dessin me montra encore un nouveau

combat. D'un côté, l'Espérance, qui est elle-même aussi une Vertu — et quelle Vertu ! la plus haute peut-être, — l'Espérance joyeuse, car, parmi ses compagnes, se trouve la Joie. Vous savez que l'oiseau national des Gaules était l'alouette, symbole, disait Michelet, par son chant joyeux, de l'invincible Espérance. En face d'elle, comme son ennemie, la Tristesse, ou le Découragement qui rend triste ; elle n'a même plus la force — l'image le montre, — de soulever son bouclier, ni de brandir son glaive ; elle est prête à rendre ses armes et à s'avouer vaincue. Et je songeais à cet autre vers de Victor Hugo sur les soldats de la Justice et du Droit :

La Tristesse et la Peur leur étaient inconnues.

Et j'étais ravi de voir, dans le dessin de la bonne abbesse, l'Espérance couper la tête sans pitié à cette mauvaise Tristesse, et demeurer victorieuse dans les âmes : je me plaisais à y voir l'heureux présage, le signe certain de notre prochaine et définitive Victoire.

CH. ADAM,
Membre de l'Institut.

ÉPILOGUE

MÉDAILLES

Comme en 1916 et en 1917, des médailles furent distribuées aux enfants d'Alsace, qui avaient obtenu le Certificat d'études primaires à Saint-Amarin. Nous avons choisi, cette année 1918, la médaille de Verdun : On ne passe pas. C'était, à cette date du 1er juillet, un acte de foi en notre victoire. Nous venions de subir quatre formidables attaques, dont deux au moins, celles du 21 mars et du 27 mai, suivies d'une avance inquiétante de l'ennemi. La menace d'une cinquième était en l'air : elle se déclancha, en effet, le 15 juillet, et on ne savait pas qu'à partir du 18, le général Foch (bientôt maréchal de France) devait la briser, puis, pied à pied, refouler victorieusement l'ennemi, sans lui laisser de répit depuis lors. Mais nous avions confiance quand même, et nous osions répéter d'avance, devant un auditoire alsacien, trop heureux de l'entendre, la fière devise : On ne passe pas.

Ces médailles sont dûes à la générosité de quelques amis de l'Alsace, dont il convient de rappeler ici les noms. Ce fut d'abord M. Paul Doumer : grâce à lui, une large subvention nous fut accordée par le Comité des Forges de France. M. Paul Doumer avait ses cinq fils aux armées : trois sont tombés glorieusement au champ d'honneur. La fin héroïque du troisième nous fut annoncée par les journaux la veille de notre cérémonie scolaire : et en visitant le lendemain le cimetière militaire de Moosch, on ne pouvait s'empêcher, à la vue des centaines de tombes alignées là sur plusieurs rangs à l'ombre d'un grand drapeau tricolore, de donner aussi un souvenir ému au jeune officier qui venait de rejoindre tant de ses camarades dans la même immortalité glorieuse. M. Paul Doumer avait publié, quelques années avant la guerre, un beau livre, de devoir civique et patriotique, intitulé : A MES FILS. Ceux-ci en avaient fait leur livre de chevet : ils ont eu à cœur de s'en inspirer dans leur vie et pour leur mort : et voici que trois d'entre eux l'ont contresigné de leur sang.

D'autres, à qui nous nous serions fait scrupule de nous adresser encore, ont voulu cependant donner quelque chose : tel le D^r Frœlich, professeur agrégé à la Faculté de Médecine de Nancy.

Mais surtout, la comtesse d'Alsace, princesse d'Hénin, a bien voulu, du château de Bourlémont, où elle réside près de Neuf-château, envoyer une offrande pour les médailles des petites Alsaciennes. Pour celles des garçons, M. Paul Lederlin, direc-

teur des Blanchisseries de Thaon-les-Vosges, qui a tant de raisons d'aimer l'Alsace, fit un don généreux de 500 francs.

P. S. — *Le Général Georges Renouard, qui avait été si heureux de présider avec le Recteur, la cérémonie du 1er juillet et de distribuer aux enfants leurs récompenses, vient de mourir à l'hôpital militaire de Vitry-le-François, des suites de la grippe. C'était le plus jeune Général de l'Armée française : il n'avait que 44 ans. (Le Temps, 21 octobre 1918). Un souvenir ému à sa mémoire!*

TABLE

Rapport de M. Delépée 3

Sujets d'épreuves 19

Copies d'élèves 25

Liste des Écoles 37

Liste des élèves 43

Allocution du Recteur de Nancy 57

Médailles 71

NANCY. — IMPRIMERIE J. COUBÉ

9 782013 418461